AF522735

KOOK
books

kookbooks .. Reihe *Lyrik* .. herausgegeben von Daniela Seel .. Band 10

Sabine Scho

Album

Gedichte

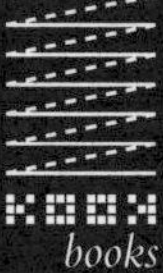

1. Auflage 2008
© 2008 **kookbooks**, Idstein
Alle Rechte vorbehalten
Gestaltung: Andreas Töpfer, Berlin
Gesetzt aus der Bembo & der Kookone
Druck & Bindung: Steinmeier, Nördlingen
Printed in Germany
ISBN 978-3-937445-29-8

sachliche Schilderer

nun bild dir auf deine
Eingefleischtheit/Ein-
geweihtheit einen Stie-
fel ein, aus-
zutreten gegen
Weichen =en Eingewei-
den, weidgewunden warm
und Dampf in allen Gassen
sämtliche Extremitäten ein-
gemeinden, abgelassen
(seidenmatt, nacht-
eilig bebildert)
ausnahmslos stockig, doch
sachlich geschildert

Sonne lacht, Blende acht

als Agfa auch von hier?
»Ich hatt' einen Kameraden«
klein wie die Box
dem schoss man ins Gebiss
aperture it is *life*
according to Agfa

Geknipstes hier friss
oder stirb außer mir
die Ruinen von Köln
Munich und Adolph
kapuut once a day

a tired overworked Fräulein
»kept a bazooka in« her »living room«
Kehlsteinhaus in May

Die Frau meiner Träume
war Maa-ri-kaa
»Schau nicht hin,« sieh her
die Karriere krummer Beine

vielleicht und obwohl
und was dann noch kam
später wurde sie die Seine

Grundsteinlegung für
die fotochemische Fabrik
erfolgte nah der Autobahn

die schnellsten Abzüge
im ganzen Land

verrückt was weiß ich
nach wem sie kam
eine bessere gab es nicht

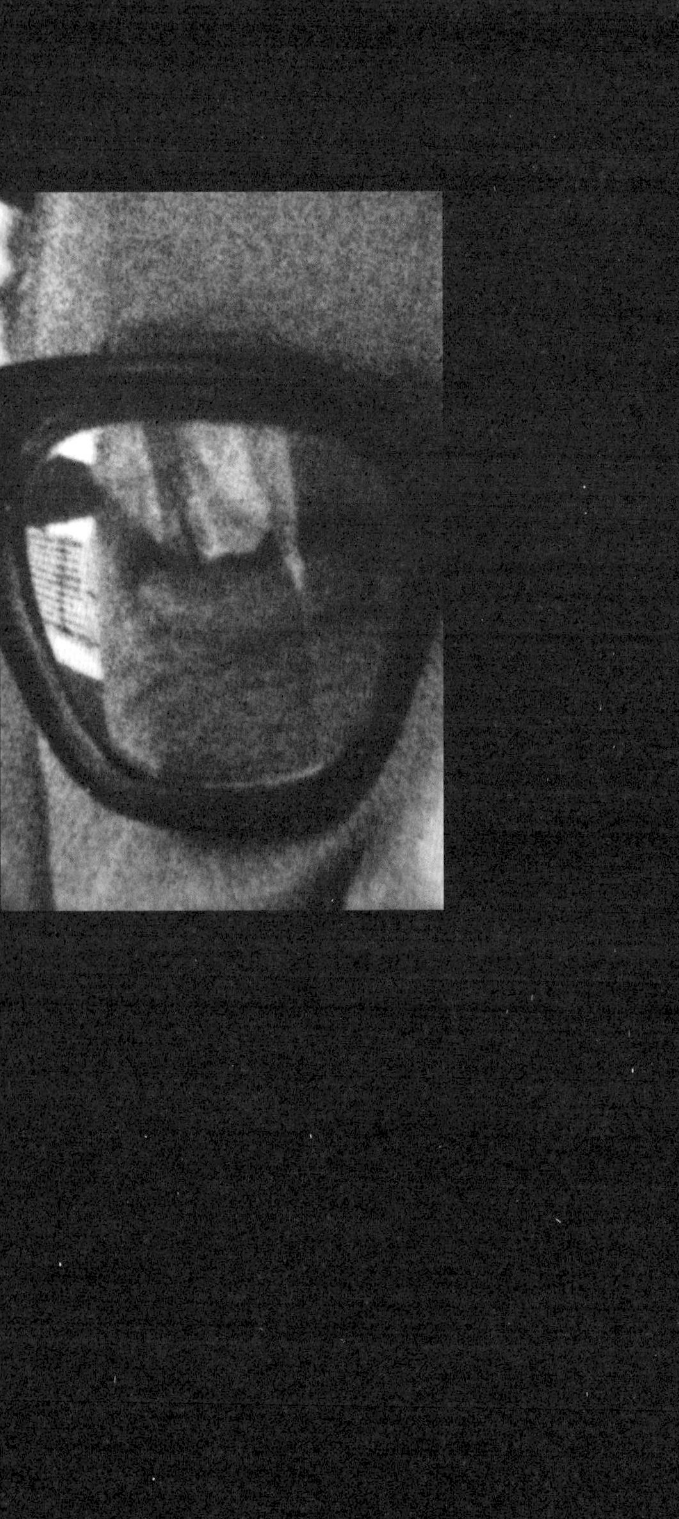

Der Direktor der Hindenburgschule

Was sich da im Glas spiegelt
Reflex aufs Horn – abgehärmtes
Strohrund, vor vielleicht Timmendorf
drauf aufm »Vollmond der deutschen
Glatze«

Wer löst aus, das Gegenge-
lichter – Aufgerunzel der Oberlippe
der O. H. L. (schnappt nach Luft):
»verheerend, völlig ausgebrannt«
lassen sich die 3. sehn

He's no oil painting
eins neun eins sechs – malen
nach Zahlen der homo luden-
dorffschulrektoren, homo erectoren
»den' tut kein Zahn mehr weh«

Was sich da ganz steil
noch über der Brücke spiegelt
löst aus (Lendenschnecke)
»dralle Möpse«

Was sich da prothesenhohl zusammen-
braut (unterm Leistenfluß):
nervöse Selbstreinigung der Mundhöhle

Sommerferien auf Langeoog 1950

entwickeln, kopieren
vergrößern

Schillers Schädel von be-
sonders großem Wuchs
züchtig

het OOG, e-
delste onzer zint-
uigen, tachist-
ischer Liebling-
ssinn dt. jg. Mädchen
Jungen: robinsonOOR
met evenwichtsorgaan

Midas hakt unter
verblümt
schwere Verblühungen
an Händen und Füßen

diesen Sieg nur
nach Punkten, bis
unter den Ringen
nur noch Säcke

tieferliegen
»I – i – «a

»sous le pavé« eine
»SANDKUNST« Meer

fugenloses Ge-
wässer Jahr

Entwickel
Kopieren
Vergrösse

von Stapelfeld 1952

High noon in einem Garten
»die Sonne war dann schon
irgendwo hinter den Büschen«
Hunde gehören dazu, Rosen-
knospen (nipped in the bud)
Rrose Sélavy! Lokal-
hollerith, die Fehler im Bild
lassen alles wie es ist
am Ende plant in Hadleyville
ein Marshall die Aufhebung
der Zeit, Zerberus
schläfst du?
Tollkühner Hüter in einem
rosenroten Hundsstück
»In my heart I'm *An American*«
nicht Bourgeois, nicht Citoyen, *Citizen*
Kane »dreh dich noch einmal um«
»ein Sturm weht vom Paradiese her«
und stapelt hoch, Kronos orchestriert:
»Do not forsake me«
feldforsch überblendet land-
auf
        -ab
        schärft tief ein Projektil
»oh my darling« »die Unendlichkeit
fließt manchmal in Tropfen«

– auf Toro

ihr sichergebauten Leiber
euer Glück liegt dorsal
ihr schweigt und duldet
zählt ab, handzahm
bucephal steigt man
euch von hinten
beim Gemächt auf-
gezäumt (Augn und
Ohrn verdrehn sich)
ins Blau geritten
russische Eier gefüttert
»hat alles so klar gemacht«
eine Schindmähr, Franz (re-
agiert auf sanften Schenkeldruck)
wer hat dir dieses Kind auf den
Rücken geredet, den Renvers
gegen die Laufrichtung: »leicht
und zierlich wie ein Reh
die Füße über seinen
sterbenden Herrn hinhob«
MERZvieh/Unzucht:
Braun bis-in-den-Mund und Eisen
Rehaut »ihr sanftblickenden Berge
wo über buschigem Abhang«

»Und«

warum nicht lachen

Die Do 27

Ach-, Ach-
tung
kaminiert BEI TAG
(Leichtfuß am »Hasenfell-
Himmel«) zwischen *Wolken-
bügel*n den Alpinstinkt aus

wie geleckt (Oralerotik)
Gelenk gereckt im Kubikel
der sattgrauen Wolken-
ohrn = Mu Err

so ausgekocht, verschlitztes Gemü-
se saugt schon an den Wunden
mürrische Lauscherschrunden
»daß es fankt« barocker Fimmel
an der Schandwand

heilige Sippe luftig lockerer Kurzstart-
scharen (*Storch*s Nachfahrn) stakt
ner Zehnjährigen (Drontenära) hinter-
her, *kein Platz für wilde Tiere*

Flugaschenkult-
urflüchter »erinnere dich«
Fieselers *Kalif* kam
als ein solcher

wie die Zeit verfliegt: STOL

Die startklaren Maschinen

auf einer gekrümmten Kleinigkeit
in die Luft »wie wenn ein Engel
schiebt«

Erhebungen: »wie die fliegen!«

Rotten von Hochzeitern im Licht-
rausch

Schwärmer an der Schall-
wand, mit einem Flügel ge-
kratzter Graffito, schiefe Stuka-
tur im Kuppelsaal

himmelangestürmt
»haben uns die Geometer
längst die Länder und die
Astronomen den Himmel
entrissen«

der Fühler beraubt
luftmeerergriffe-
ne »gestürzte Aeroplane«

Kanadier im Anflug

vier in Formation
von unten, vom Boden
aus gesehn, man steht
in Pfützen, in Lachen
auf dem Rollfeld und
schaut, Schauflug am
Tag der offenen Tür auf
dem Oldenburger Flugplatz
voyage autour de ma chambre
»und weit darüber hinaus«
man teilt sich den Himmel
die Rollbahn teilt ein Staketen-
zaun, der trennt die Besucher
vom Bodenpersonal in Montur
»runter kommste immer«
»Knüppel nach vorn!« – die Maschine
kippt – »jetzt ziehen und abfangen«
den Steuerknüppel fest an den Leib
gedrückt *und du steigst und steigst*
unter dir bäumt sich Danzig auf
unter den Tragflächen der Danziger-
Fliegerstaffel: *Danzig bleibt deutsch*
ein Standpunkt, der Jäger liest
die *Schrift der Erde*, die Boden-
literatur von oben Landnahme-
romane, *was nie geschrieben*
wurde als Wiegendruck, der Wind
hat gedreht jetzt fängst du an zu
turnen, die Bodenrunen rutschen
in den Flattersatz, ferne Motoren
und wunderbar getroffen greift das
Newtonsche Gravitationsgesetz

»da hat der liebe Gott persönlich
das Steuer geführt, so in den
letzten fünf Sekunden«
es fängt wieder an
zu regnen man
räumt das Feld

Gruppenbild

der Schwesternhelferinnen
Family of Man »man lernt hier
sehr wenig« viele gleich
unter der Haube und uniform
geschürzte Lippen (kaum riskiert)

was bezweckt die Schwesternschule?
»Ich möchte gern reich sein, Sportwagen
fahren und Geld verschwenden«
der Schulleiter und seine Frau in der Mitte

wie er gütig schaut, sie verkniffen
»Grundgütiger, natürlich weiß ich im
späteren Leben zählt Helfen nur wenig

ich möchte gern Fotoreporterin werden«
Serienexistenzen, Bildwandlerinnen mit
Berufsinteressen »das kannste dir kneifen«

Quick-, *Bunte-*, *Stern*bilder, Augenzeugen-
berichterstattung, Kritik einer Gesellschaft
der praktisch Gerechten und Vernünftigen

gleichen in Form von bedruckten Seiten
kategorischen Invektiven: Fotografiere so
daß Moralin in den Bildern und *jederzeit
zugleich* ein *Verlust der Mitte* zu spüren ist

eine praktisch eingeschränkte Sicht aus Sen-
timent, moralischen Gesetzen, bebildertem
Firmament, sediert die Gemüter und einerlei

unter welchem Stern einer geboren, aus welchem
Staub einer gekrochen (verschärft) die bloße Anschauung (auf einem Auge blind) bildet es ab

retuschiert die Unterschiede, die man schlicht
Ungerechtigkeiten nennt, wovon man erst den
Begriff (sonst stumm) durch Aufnahmen gewinnt

mit anderen Worten – mit anderen Augen:
O wunderbare Harmonie, was er will, will auch sie
soviel schwesterliche Philanthropie sofortentwickelter

Bilder, gruppiert *um eine Mitte, in der* narkotisiert
ein hehrer Wunsch abstirbt nach einer Familie
von Freien und Gleichen

Mit Heidewind

vor dem Reitstall Zeug-
hausstr. profaner Barock-
hengst, Galopper – was
das Zeug hält »*Ein* Zeug
ist strenggenommen nie
Zum Sein von Zeug gehört
je immer ein Zeugganzes«
– Glockenheide, *Holzwege*
im Hochmoor – »darin es
dieses Zeug sein kann..«
d.h. nenn Roß und Reiter
Ribot der lästige Sieger
häßlicher Außenseiter mit
der starken Hinterhand
das *Überpferd* pffff-lügt
den Turf und der die
Heide im Namen trägt
läuft wie ein Hund, doch
Laika kam schon weiter
Schlaglust und Xenophobie
Obersalz und Todtnau mit
der Wahrheit hinterm Berg
die Züchter bescheissen
sich heiter, zügelloser
Zuchterfolg dank *gene-
alogischer Alchemie*
Brandzeichen, Trophäen
ins Zeug gelegt, an die
Kandare, ein Mundstück
eröffnet das Mündungs-
feuer: *Rauchende Colts*
Der Zug der Zehntausend

rollt mit dem ungebremsten
Serienhengst, dem Zugpferd
und Jockey der Eigentlichkeit
man setzt auf den apokalypti-
schen Reiter »sichere Quote«
ist der Gewinn auch gering
»*ana Basis* änderste nix
setzte aufs falsche Pferd«
»ich bitte Sie, der Stall ist
hin, bei diesem Trainer..«

– 5. MRZ. 1957

Hartmut sucht Teneriffa

direkt im Diercke Welt-
atlas – neben einem Schuh-
karton, darunter (mehrbändig)
ein Brehm, vermutlich, denn
das ist nicht genau zu sehn
(die Hälfte d. dt. Haushalte
besitzen bis auf Schulbüch-
er kein Buch) liebäugelt kurz-
sichtig ein Mutant im Reise-
fieber »wenn Du der Welt nicht
nachläufst« noch nicht nonstop
geflogen, ein Märzgefallen mit
dem Finger, vornübergebeugt
an Karten, die vor Schüleraugen
gewissermaßen Körper gewinnen
maßstäblich verkleinert und gene-
ralisiert (Generalstabskarten) 1:15
000 000 »kommt die Welt zu Dir!«
als Schönwettermonopol (Kanari-
ban und Karmesin prosperiern)
– lausig

»Ach, man lernt, wenn man muß« an
Regennachmittagen, am Schreibtisch
mit dem Rücken zur Wand »man lernt
wenn man einen Ausweg will, man lernt
rücksichtslos« »angedrückt an eine Kistenwand«

ein Bericht für die Preuß. Akademie

Kistenverwendung – Kistenersatz
Kiste als Hindernis – Zwei Kisten
Erste Kiste zu ebener Erde
»Zweite Kiste darüber!« *Naive Statik*
*Köhler*glaube für ein hochgehängtes Ziel

Gestaltgesetze gebändigter Affen: Mach Dich lang
wenn Du mußt, steh mit aufgehobenen Armen still!

Wissen sie schon, wie die Schimpansin zu uns kam
(*fertiggemachtes Mädchen*) 1914 Anthropoidenstation

Tafel I.
Nueva 5 Tage vor dem Tode

»den Irrsinn des verwirrten dressierten Tieres
im Blick« »habe« ich »mehrere Schimpansen
krank und einige von ihnen sterben sehen«

servil hockt ein Domestik (genotzüchtigter
Haltungstrieb) mit vorgebogenen Schultern
Daumen und Zeigefinger opponiert, aufgeräumt
vor einer Inselwelt, *stuff as dreams are made of*
und stiert – hartnäckig, hornbebrillt

Hartmut sucht Teneriffa, fährt fingergeübt Kontinente
entlang, lernt Flächenfarben gehörig unterscheiden
stürmt mit brennendem Fernweh den Teide bergan
hats geblickt

Gebirge in braunen Schraffen mit zusätzlichen
Schummerungen, hydrografische Elemente blau
Flächenentwürfe azimutal projiziert, winkeltreu
ein Weltbild blickdicht schraffiert

wissen sie schon von der
Bevölkerung im Neolithikum
Schwidetzky hat 2000 Schädel
ausgezählt – Guanchen waren
Stahlgewitter unbekannt – Schmus:
Guanchen »gehörn bei Hagenbeck
an die Kistenwand« *immermann* rinn!
Laut Genfer Konvention hat man darauf-
hin die Hölleninsel umbemannt (phreno-
logisch begründeter Azorenhohn)

mutatis mutandis »Nur leer scheinende
Karten prägen sich dem Gedächtnisse ein«

artig geschulter-
ter *globe, gentle will*
Amateur*theater* für
ein raumloses Volk

»warum das?«

Der Diercke
immaganz voan, immamann rann
Schul-Atlas, Weltatlas, richtig
zweckmäßig, schön
zufrieden im Glanz
seiner gebräunten Karten
täuschte im Einband
hoffnungsvoll grün

Gesamtherstellung Westermann

Harm – Gerds Columbus IV 1965

Aufschub als op-
art Ophtiole weg-
geschnittener Augenlider
(come to harm) Honduras
Harmattan härmt trocken
(»ich meine nicht den
Wüstensand«) »die See
fehlte ganz« Quantenfeld
war die Düne, so weit
das Auge reicht
Rendezvousmanöver, bon:
a part. *2001* im Gänse-
marsch, almost hermit
hinter pupillenloser Iris:
a space odys-
sey: »Nur einen Ausweg«
CORBUSIER ertrinkt, hydro-
logische Wohnmaschinen zu
80% in fester Form
(»mühevolles Möbelrücken«)
wolf down ein zehntel
des Büttels canis lupus
sternhagelvolles surplus. Ab-
sinth emal gespannt, vom Ver-
zicht auf Eigensinn schlägt ein
Schimpanse eineinhalb Hertz (more
scandal than satisfaction) so schau-
kelts in Nährflüssigkeit: bestirnt-
er Deckel auf einer Rosinentonne

sterzeln unterm Sternzelt
»Standest du je am Strande«

Mit Bubi im Strandbad

Nordseeheilbad
Seelenbäder, Sedativa
Volksfreundseelen unterliegen
der Mazeration, Marat am Meer
psammophil und voll
wie eine Strandhaubitze
(schweres Geschütz) in den
Sand gesetzt, gesetzter
älterer Herr, den Arm in
die Hüfte gestützt
schaut aus der Wäsche
voll bekleidet, einziger Kontrast
des völlig überbelichteten Bilds
der Rest scheint weggeblitzt
links ein Strandkorb auf Augenhöhe
die Box hat Bubi im Visier, Bubi im
Goldenen Schnitt, Bubi den Bauch
vorgestreckt, den Kopf bedeckt, dem
Barett fehlt die Visierklappe, dennoch
Bubi schickt gezielt den Blick zurück
wer hier wen anvisiert und ob zwischen
Bubi, dem Sand, der Riesenbadewanne
der Raum tief und meßbar ist, schwer zu
sagen, von rechts stapft ein Badegast ins
Bild, das zerfällt vor den nur zu ahnenden
Horizontalen, Himmel, Strand und Meer
Bubi vor den Elementen, zurechtgerückt
fehlt der betretbare Raum, Flutlicht hat
Hintergrund und Bilderflut verschluckt
Bubi allein mit der Box, vor der Box
wie unschwer zu erkennen, Bubi
hinter Bubi vor der Box, der weg-

geblitzte Rest, das Badesalz des
Bilds bleibt Bubi, Bubi bleibt
Der Weg aus dem Nichts
erst neulich war zu lesen:
Ausverkauf bei Bubi Scholz

Bettfedern-Fabrik

Richtfest für den Sortiermaschinen-Anbau

die einzig wachen Aufrichter räumen dem
Lorch Vakuumverfahren den Platz für die

Auslese ein, Gleichenfeier »nix da von Hand
schon gar nicht von eigener« sortieren, son-

dern, auswählen, Lorchs Sortilegium, *es geht*
nicht mehr ohne Dreikammer-Sortiersystem

Federn, Halbdaunen, Daunen, Landrupf aus
Polen, Beschluß vom Bettfedernkonsortium

»die dumme Gans, di leg i um« noch eine von
der Sorte, *heut liegt was in der Luft*, jenes Leich-

te, Lockere, Zwanglose als Schmok, *erdenfern*
und spährenweit »ich ahne und vermute«

nudeln und stopfen, Schmalz, Blut, Leber
»da bleibt man im Geschäft« über lange Zeit

hinaus entstäuben, waschen, trocknen, kühlen
plus Seife- und Bläuezufuhr, da hast du ein Bett

in den Daunen, erinnert an Wolken, aus der Luft
gegriffener Alp einer Unschuld vom Lande/Gänse-

züchterin, die das Bettenfach erlernen will »mir ist
so komisch zumute« (Pommerngänse) raumhohe

Sortiermaschinen »Manometer!« ein Bittermandelduft
sorgt für Wind »horch, hier wird nicht geschlafen!«

Ihr stockt der Atem, nachts in die Kissen geheult, wo keine
Kissen und kein gemachtes Bett, *Bonjour tristesse*, Pro-

krustes, Staublunge und Hautblüte, der Alltag hat uns

[wieder

193X Cäcilienbrücke und Bettfedern-Fabrik
lautloses Getöse, kein Orgeln, keine Kirchenmusik, keine

Kirche, zu wem auch beten neunzehnhundertsounddreißig
Martyria als Bettenfabrik, jetzt bloß nicht frömmeln, sie steht

doch noch, Kleinkapitol in voller Wirtschaftsblüte von bigotten
Gänsen bewacht, con anima »haste Töne« ins *Keiner schlafe!*

eingestimmt Jupiter/Juno/Minerva = die Konkurrenz, die niemals
schläft, hat dem Kleinbetrieb konzertant die Serenade verstimmt

keine Sorge, den Seinen gibts der Herr im Schlaf, den weniger
Seinen »na, die bleim em wach, eena muß ja arbeeten« (lacht)

wenn der Mond aufgeht, Sterne am Himmel stehn in wolkenloser
Nacht, Diesseits als Dreikammer-Sortiersystem, sonst still

Und wissen gar nicht viel

die Gänschen vom Land am Meer, *rund und schön!*
Bettreif georgelte Automaten, die lernen schnell (*stech tiefer*)

sich hinzulegen, versus rapportati: sichten, sondern, auswählen
züchten und kultivieren, aus dem Staub gezogene Heloten, blond

und blaß, mustergültiges Gänseklein, oh Wunder, was ist das
für eine Sippschaft, die wäscht sich den Flaum, aber macht

sich nicht naß, keult, ochst, knechtet, schwitzt Blut und Wasser
Gänsewein bis die Federn fliegen, ohne Gans – ganz von allein

Verschon uns, Lorch! mit schlafen, sorg für Druckausgleich
»wir ham die ganze Nacht durchgemacht« gleichviel, laß

doch die Götter ruhig Strafen, wer da schläft, wen wunderts
sündigt
[*Gute Nacht und schlaft recht schön!*

Prof. Winter

stellt nach
langen, tattrigen Mühen
das Bild fertig

der Tisch gedeckt
die tiefen Teller abgeräumt
man hatte Suppe vorweg
wartet auf den Hauptgang

Kompottschälchen
aus Bleikristall
und Tafelwasser Apollinaris
spärliches Blumenbukett

»alle Welt macht in subjektiv
solarisiert, druckt negativ und
knallt in Schwarzweiss«

Die Front knipst.. Fotofinish

Professor Winter
altersschwach
schießt immer noch
scharf mit dem Adler-
auge der Zeiss-Technik
dem Tessar

aus der kalten Lamäng beim
Abendmahl zu seinen Füßen
Steine, Gewehre, eine rote Fahne
(wäre das Erbärmdebild eine Farb-
aufnahme)

man kann den Braten riechen
den Fleischgang der Eucharistie

ein Zinken im Andachtsbild
gleichschenkliges Kreuz mit
den richtungsweisenden Armen
Heraldik der Heimat, die *freut sich*..

Zitterpartie
Vis inertiae des strengen Winter
(*Vier Jahreszeiten* objektiv)

geht die Blende auf, *geht ein Bild hinein*
Apollinaris sparkling tablewater, Gekröse
Innereien, Kesselfleisch unter Paulus
schnell noch ein Tischgebet
für Fleisch und Wein
dann gehts ans Eingemachte
danach ein Korn

fine grain – grand fin

zur Jagd

»Honey, wirf deinen dime ein – *I'm quite in a hurry* – « und ab / DAFür jedem Jungen sein Taschengewehr: palpabeles Büchsenfleisch / (verbindendes Requisit) schiebt und hakt auf / (PANDämonisches ORAetlabora) / hienIDEN ist alles machbar / Johnsons Brut und Cassius clinchen / »so leem wir alle Tage« / weiß nicht, wer unter den Hieben lacht / Pulsare verfiesen den März / man spricht von Nehmerqualität / eine Raumkrankheit bemißt sich in Inchen / AIRLIFT: »thats not my clay-pigeon« / mein Täubchen würgt (kein Ton) schleudert Honig flutternd hervor / dann Schuß (»what-a-gate«) – *Winchester 73* – Gegenschuß: / *wie ich euch hasse* (*Belphegor*) / leave or love your dime-novel / »flieg. Fetzen.«

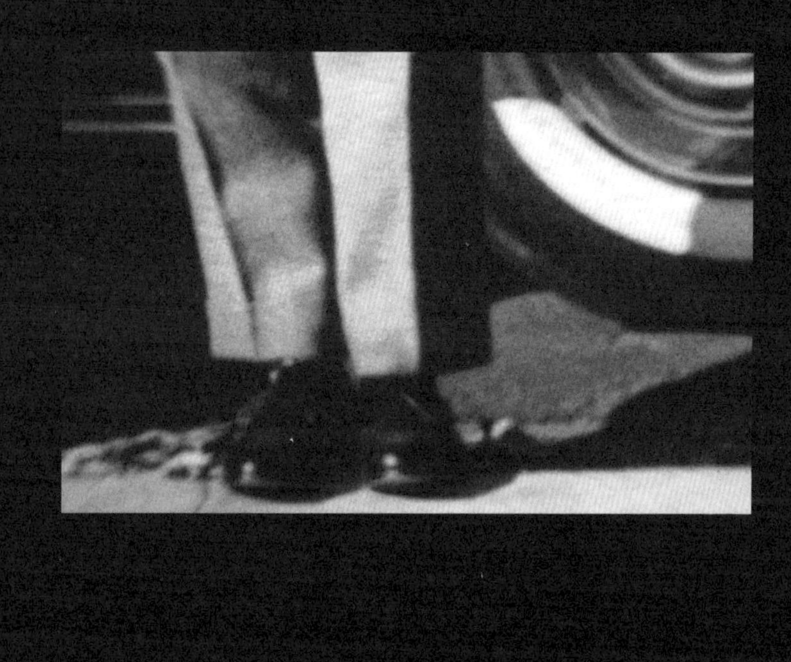

sinnend für den Führerschein

seitwärts zu den
Weißwandwangen, (hin-
halten is Usus), Lichtsinn-
esorgane, kaum mehr zurück-
(zu halten), taxieren drauf los
blindlings bleibt in der Gesellschaft
der Augen ein Mund offen stehn:
prima facies, fällt das Landschafts-
gesicht aus der Kurve, Infant
am Steuer: SIDS*, Blendling
auf laubloser Straße, ein-
Mann-wie-ein-Baum GENOM-
men hit-and-run: »was sind das
für Zeiten, wo«

* sudden infant death syndrome

H. – G.s 190er Mercedes 1959

»Der Karren hat an schönen
Gang« auf allen Vieren ger-
ädert »Schliere im Aug«
schurigelt den Selbstfahrer:
scliero

»Fünf Mark die Woche
mußt du sparen«
Invalidenvers für den
eigenen Wagen

»Kaufs, du Rindvieh!« Not-
sitz t »iefimnee«
Motor, dein *Geheul*
was weiß es? *Unter-*

wegs, weiß schon, was
du willst, *grüne Pläne*
Feigen willst du!
Autodafé : Augenübel
(die rasche Fahrt)

Hastse nicht alle, vier-
hundert Tassen, un coup
d'été – alea
hopp im Wechsel-
kurs von Lidice

In einem Akt von Gut-
gläubigkeit schließe die
Augen (aus dem Oph):
Elia kannte Stein-, Geröll-
und Knochengerät

die selbstgerechte Stadt
Augiasstahl
                    rostet

RAST, in aller Eingezogen-
heit, 190 ent-
darmt, gelenkter Zu-
fall? Leuchtmittel

steuern den *zweiten Weg*
erdabgewandt floaten
Gerüchte im Umlauf
Bahnen, täglich neu

190er Mercedes 1959, ein Gleiches

»Von nun an weichen di Kaiser den Kühlmännern, (...). Von nun an haben alle Reichswechselungen sich endlich ausgewechselt; alle Reichssonnen sich endlich ausgesonnet, weil di Stunde da, von welcher der Prophet spricht: Es wird eine solche Unruhe unter den Sternen entstehen, das man auch vermeinen wird, es werde der Himmel zu grunde gehen, und di Erde nicht bleiben können.«

Quirinus Kuhlmann

Kühlpsalter
Winterrallye, Zeit der Kühlung, Augentrip per An-
halter über einen Solex-
Vergaser Trieb,
ab Werk, *end-*
lich ausgesonnet

»Di Stund ist endlich da
zubauen Kühlmanopel«
Generalbaßnotoren, vorn
ein breiterer Kühler, *end-*
lich augewechselt

Eindruck von Breite
(durch helle Metallstreifen
an den Lufteinlässen
rechts und links vom
Kühlergrill)

Kühlbundgrillen, kühler Odem
»Weil kühle Kühlung neu
das Kohlenrom durchspihlt!«
»Spürest du
kaum einen Hauch«

Knochenkarl behandelte
kein Hungerödem (I moag net
Mär) *malade imaginaire:*
nur Haut, verchromtes Ge-
häuse für die Nummern-
schildbeleuchtung

Fraktur reden: »Reiß
deine Knochen zusammen«

Eingelenk pendelt um
die eigne Achse, aus-
genüchtert, -gesucht-
es Wiedervieh, kaut mit

Stahlhermes Häme:
»Abkratzen müssen
wir alle einmal!«

Kein Blatt vorm
Mund, stülpt sich
ein Blättermagen
um
entlaubte, helle
Regenrinnen

Unruhe unter den Sternen

»O kühler Kühl! Ach herr-
lichs Kühlerzihlen!«

Vater, Mutter und Karin

jüngeres Kind von zweien.
Der Vater ist Fabrikant.
Die Mutter versorgt den Haushalt.
Die Eltern besitzen ein Haus auf dem Land.
Karin wächst in harmonischen Verhältnissen heran.
Man nimmt sich die Zeit, widmet dem aufgeweckten Kind
einen Großteil der Aufmerksamkeit, die es braucht, denn
das, so der Vater, macht sich später einmal bezahlt. Karin zeigt
gute Intelligenzbegabung, besonders für schlußfolgerndes Denken.
Sie liest früh und viel, steckt voller Ideen, was sie werden will, wenn
sie groß ist
Karins Körperbau hat
alle Merkmale einer Frühentwicklung bei Hochwuchs.
Wenn sie nicht als leptosom bezeichnet werden kann, dann wegen
ihrer kräftigen Muskulatur und den breiten Schultern. Ihre Haltung
ist grazil, beherrscht, zuweilen posiert sie, neigt zu Rollenspiel.
In ihrer Selbstdarstellung auf Wirkung bedacht, zieht sie stets
die Blicke an. Ihr Ausdruck ist gewandt. Mit dem älteren
Bruder streitet sie viel. Der, so der Vater, wäre besser
nicht geboren, wenigstens nicht als Mann.
Die Eltern, noch jung,
wollen ein drittes Kind
oder später einmal einen anständigen Schwiegersohn.
Einen *Mann von heute*, der den Betrieb leiten und Karin etwas
bieten kann. Karin könnte in der Firma helfen, Buchhaltung und
die Auslandskorrespondenzen führen, denn man will expandieren.
Und vielleicht wird der Junge mal Jura studieren, so die Mutter ver-
söhnlich. Daß sie die Männer nicht haßt, deren Hemden sie bügelt.
Das, so der Vater, muß Karin noch lernen.

stud. jur. 1964

ins Gestell gekrochen
losgebräut, zieht ab
jetz (gibt Leine)

Sperlingslist verzichtet auf blau
bleu – taubengrau

Späher an der Langfessel
wandern die Taillen?
Fersen von unten geflaggt
ziehn Falken?

[pəʊ] [pəʊ] Nanuk, dreihundert-
tausend Polar zu fünfzehn
(saloppes Gewöll) Fische ertrinken
sich versessen zu (Beihilfe)
»und zu Haus hauta die Olle«

Himmlers Purgat
oben ohne: Gefrier-
Brandt in der ersten Person
non grata
fließen die Linien?

Der Scheitel sitzt
Prudentia, wo beginnen die läßlichen?

Was zieh ich bloß an?

Genügt Strassenanzug
beim *déjeuner sur l'herbe*
aus süßem Hefeteig, mit viel Butter

Brioche im Grünen, Eigenschaften
gut verbacken »verletzen das
öffentliche Schamgefühl«

Kaisers Kleiderordnung steht, kommt
zum zweiten Male hoch: Brumaire
das zergeht, Zungenzergang

Evas Konsumtion, ihr ungeschnürtes
Zünglein ~ unverschämt nah dran

mittelfetter Vogel der Gattung *turdus*
lüftet seine Lungen (schweres Zwerch-
fellatmen) und brummt (Dolby-A-Sound)

keine Resonanz, Schwarzdrossel, du rauschst
bloß
was zieh ich an?

Mutti beim Abendbrot

Wer war und was tat
Clemens Wilmenrod?

James Cook in der Küche
bei einem Toast Hawaii

bittet zu Tisch »ihr lieben
goldigen Menschen«

Die süßesten Früchte
vom Heeresvorrat

die Kochvorschrift aus
dem Kriegskochbuch

für fleischreife Tage
Aufschnitt aus dem

Absorptionskühlschrank
»Strom kommt sowieso

ins Haus« ein Anschluß
an das bessere Leben

nicht gegen den Strom El-
ektroherd, Heißwassergerät

»Nutz das aus!«
Kampf dem Verderb

what's cooking
sandwichman

Wer gegen wen?
Kochknecht im Stück

mit der Schürze
und Schnurrbart

legt vor ein Stück
gleich in Stücken

das Schwein
die Bohnen

arabisches Reiter-
fleisch 185 Folgen

die man am
liebsten sieht

er war ein viel-
geliebter Mann

Discoverer – Resolutionen
das zog zwanzig nach acht

hat vielen vieles
aufgetragen

für alle wohl
stand Woche

für Woche zum
übertischten Mal

Carl Clemens Hahn
in der Fernsehküche

Es liegt mir
auf der Zunge

Straßenfeger Wieder-
gänger Wohlstandsahn

ein heiterer Beruf
der Strom dazu

kam aus
Niflheim

das bleibt
sich gleich

wie war und was tut
der Tod auf Hawaii?

Mein Zimmer

möblierte *Mustersternwarte*, horror vacui
mit Bücherschrank von Tisch und Bett
(im Obersalzbergschick) getrennt, darin
ein *Fußball mit Fühlern*, Verschlußzeit
im Auge, *what kind of a bird are you?*

es heißt: *der vogel singt*, Äst-
hetik der hängenden Flügel
Schmetterlingsbau, Orbitalstation
(lofty standpoint) enger wohnen!
Was die Heizung nicht schafft,
die Heizsonne bringt, *kombiniere:*
Hyperthermie holt den Edelfalter
auf den Boden

Engel im SL: une femme *dans l'espace*
Ihr guter Stern auf allen Straßen »klingt
wie Sprengstoff«: Ni–ttri–bitt

Komm mit mir in die Leere
übe Levitation

Stella by starlight (Augen hohl)
gibt Stoff auf einem Bücherbord
in einem Wiking, einem Schuco
Wendewagen in einer endlos ein-
zelnen Welt (die Maschine tremoliert)

gesundgeschrumpft-, abarischer
Punkt • im Haushaltsbuch eines
eiligen Flittchens ein Strich –
code — • für zahllos zahlkräftige
Kunden (*Isoliermattenkartell* von
Killville) die ihr Lippenbekenntnis
zu·Geständnissen zwingt. Eine Tür
fällt ins Schloß und was weiter
geschah:

»laß mich los, laß mich« (im Brust-
ton) Sternalgie, Flugangst vor der
Zimmerflak in zivil

Nothelfer hilft nicht aus aller Not, aber
»daß du beim Fahren ein bißchen
vorsichtig bist, nicht so ganz plötzlich
in die Kurve gehst oder frech überholst«

Kruppkind *von Kohlen und Reibach*
gesundgestoßen, ein trocken ton-
loser Husten, wenn Atemnot dir die
Kehle zuschnürt, den kennst du nicht
aber Rosemarie, »die schob sich
den Rock schon früh übers Knie«

rücklings, ein Bein auf der Couch
»wie Sie wünschen« (noch atmungs-
aktiv) und blutet aus Mund und Nase

galaktischer Nebel an den Händen
auf Sesseln, Teppichen, Sperma-
sputa fluoresziert im Schwarzlicht
der Analysenlampe: interstellare
Materie – der *D40* projiziert

nitty-pretty, Supernova als Erdsatellit
zwischen zwei erhabenen Sternen:
Nichts Besseres darin ist

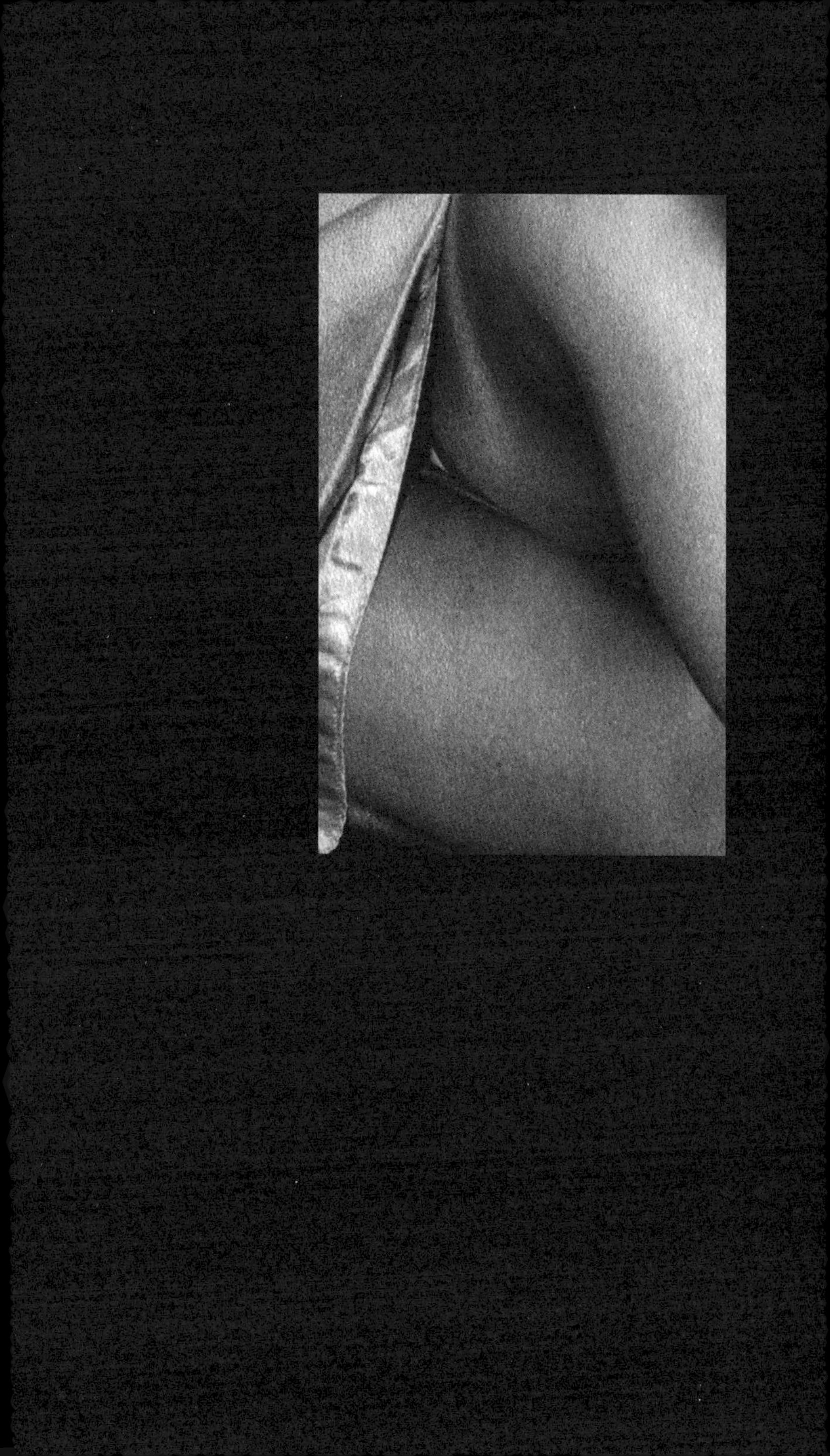

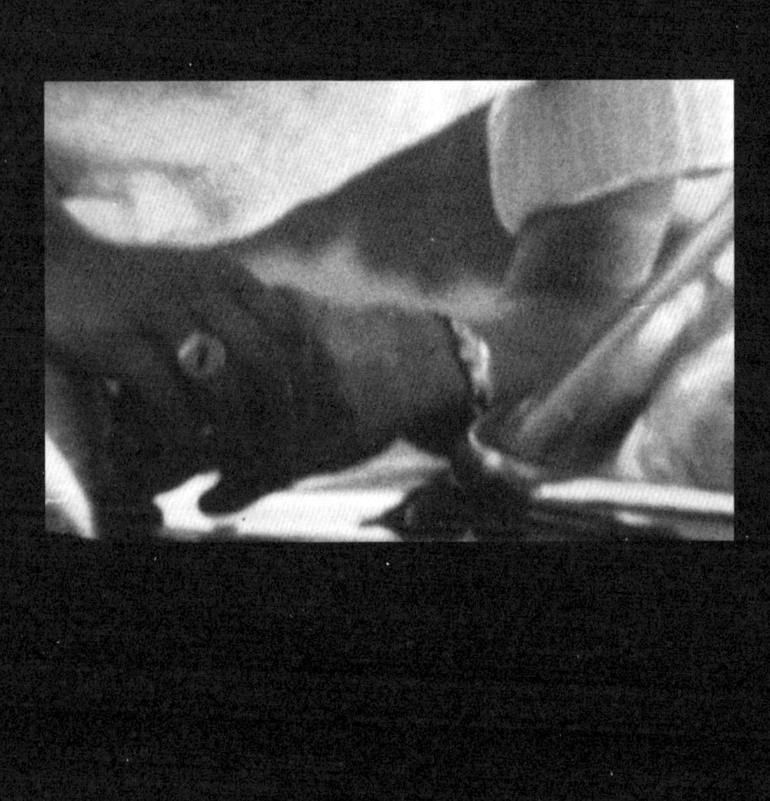

Horst mit seinem neuen Opel

Kapitän, *nimm uns mit*, Platz satt
Sechssitzer, Sechszylinder, Pan-
oramafenster, das bis in die Seiten-
wände übergreift, Fahrkomfort der
großen Amerikaner, der ganz großen
Räder, Dreizehnzoll mit Superballon-
bereifung, breites Haifischmaul, riesiger
Kofferraum, beleuchtet, Abkehr von der
Ponton-Karosserie mit den sorgsam ge-
rundeten Formen, 4,8 Meter lang, Stoß-
stangen im galvanischen Bad verchromt
allein die Vorstellung verursacht galvanische
Hautreaktionen, Korrosionsschutz, Zweifarb-
lackierung in Pastell, Opel-Händler überall, uni-
verselles Verkaufskartell der General Motors, Horst
stolzer Eigner eines Kapitäns/Kapitän L, kanonen-
bestückter Straßenkreuzer auf Kaperfahrt, erschreckt
durch plötzliches Auftauchen die Señoritas am Stras-
senrand, athletisch gebauter Neuweltgeier, immer zu
schnell, Shell AG (sechzig Pfennig der Liter) – »darauf
kannste Sprit tanken« – befördert die Lust am Fahren
der treibenden Kraft für asphaltierten Rasen, Spielwiese
Opel-Prüffeld zu Lande zu Wasser und in der Luft, Blick
von der Brücke auf die Autobahn, auf Zubringer mit kapi-
taler Flügelspanne, Spitzengeschwindigkeit bei 140 km/h
hubraumstark, der Arbeitsplatz der Kolben, Pansexualist
auf Spritztour, kein horsten, kein rasten, kein rosten, kein
nisten nirgends, schaust nach vorn, nicht zurück, mit nem
Blick, der klebt auf der Fernverkehrsstraße, im generellen
Halte-, Wende- und Rückfahrverbot, ziehst deine Bahnen
plankreuzungsfrei ohne Ortsdurchfahrten, Strohmann mit
Strohkoffer im Stauraum macht mobil, verzichtet vorläufig

auf Familienglück, Horst in seinem neuen Opel, der das
Haifischmaul für die Kühlluft im Fahrtwind schaukeln läßt
Herr der Lage, Leutnant der Straße, steuert leutselig ohne Ziel, versteht sich als Herrenfahrer auf Damen, die wir-
kungsvollsten Figuren vor Ort im Straßenspiel, *nimm mich
mit, Kapitän, auf die* Fernverkehrs*reise*, *nimm mich mit*
wenn ein Unfall passiert, kommt ein Unfallkommando
viele Verletzungen entstehen durch das Armaturenbrett
und sind oft unvermeidlich tödlich, es ist ja bekanntlich
die Wucht zur Stoßzeit, die Zertrümmerungswucht, die
sich zusammensetzt aus Masse und Geschwindigkeit
Chromleisten verbiegen, Kühler bersten, Schädel gehn
durch Windschutzscheiben, der Sozius stanzt mit den
Zähnen ins Armaturenmetall, den Kiefer gebrochen
mein Fahrer war einmal, das ganze Modell eine
einzige Einzweckmaschine: »drück auf die Tube
überwinde den toten Punkt« kleiner Trost für
Wagenlenker, nach sieben Zehntel einer ein-
zigen Sekunde – bewiesen Detroiter-Puppen-
spieler – ist alles aus, die Tour vermasselt
verloren die innere Sicherheit, die Reise
nach Demimonde im Chassis des Opel-
diplom-Demiurgen vorbei, so wie ja bekanntlich alles einmal, *gäb gerne Heuer
Rang und Stand*, das zu ändern »käm
bloß drauf an, was die Geschichte kostet«